Plus de 101 modèles de POINT DE CROIX Kawaii

" *Dédié à tous ceux qui ajoutent un peu de joie et de couleurs à ce monde à travers les créations de leurs mains.* "

Sakura Mai

D1619866

Table des matières

Instructions générales

Avant de commencer

Bienvenue dans l'univers du point de croix !

Ce livre contient plus de 101 motifs de point de croix uniques en leur genre, de nombreux jolis motifs pour tous les goûts comme des animaux, des licornes, de la nourriture, des princesses, des créatures fantastiques… et plus encore, tous composés dans un Canva en couleurs avec des symboles, un aperçu de la petite illustration originale à côté afin que vous puissiez voir à quoi cela ressemblera et le tableau du code couleur DMC correspondant.

Le tissu

Le point compté est travaillé sur des tissus étiquetés "evenweave". Ces tissus sont fabriqués spécifiquement pour la broderie à fils comptés et sont tissés avec le même nombre de fils verticaux et horizontaux par pouce. Le nombre de fils par pouce détermine la taille d'un dessin fini.

Le tissu Aida est idéale pour le point de croix, car il s'agit d'un tissage uniforme, c'est aussi un favori des débutants puisque son tissage forme des carrés distinctifs dans le tissu, ce qui facilite le placement des points et vous permet de créer des lignes droites pendant que vous cousez, Aida est mesurée par «comte», Aida 14 comte a 14 carreaux par pouce (55 carreaux pour 10 cm), 18 comte a 18 carreaux par pouce (72 carreaux pour 10 cm) = plus il y a de carreaux par pouce, plus les points et le motif global seront petits

Nombre de brins

Le nombre de brins utilisés varie selon le tissu. Généralement, la règle à suivre pour le point de croix est de trois brins en Aida 11, deux brins en Aida 14, un ou deux brins en Aida 18 (selon l'épaisseur de mailles souhaitée), et un brin en Hardanger 22.

Pour le point arrière (backstitching), utilisez un fil sur tous les tissus.

Préparation du tissu

Coupez le tissu au moins 7 cm de marge pour chaque côté que la taille du motif fini pour assurer suffisamment d'espace pour l'assemblage final. Pour éviter l'effilochage, surjetez, zigzaguez à la machine ou appliquez un ruban adhésif au long des bords.

Nettoyer le travail fini

Lorsque vous avez terminé, vous pouvez laver votre tissu à la main avec de l'eau froide et du savon doux. Bien rincer et rouler dans une serviette pour enlever l'excès d'eau. Ne l'essorez pas, placez-le simplement face vers le bas sur une serviette sèche et repassez au fer à une température basse jusqu'à ce que le tissu soit sec.

Point de croix

• La méthode danoise

Consiste à faire une moitié de la maille dans un sens, puis à revenir pour faire l'autre moitié, les mailles se font en rangée, ou bien si nécessaire, une à la fois dans la même zone.

Cette méthode est idéale pour travailler dans de grands blocs de couleur, car vous pouvez aller dans une direction puis revenir au début de la ligne ou de la colonne suivante. Cette méthode utilise moins de fils et laisse l'arrière de votre broderie plus soigné.

<u>Les directives:</u>

1. Remonter l'aiguille en A.
2. Descendez en B qui est en diagonale en face de A.
3. Monter en C et descendre en D, etc.
4. Pour terminer les points supérieurs en créant un « X », montez en E et descendez en B, montez en C et descendez en F, etc. Tous les points supérieurs doivent être dans la même direction.

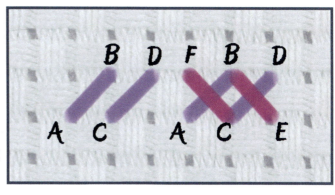

• La méthode anglaise

Consiste à terminer chaque croix à la fois, c'est souvent la méthode la plus simple à utiliser pour réaliser des points dispersées d'une même couleur sur votre motif.

<u>Les directives:</u>
1. Remonter l'aiguille en A.
2. Descendez en B qui est en diagonale en face de A.
3. Montez en C et descendez en D pour compléter un « X » complet.
4. Pour continuer le deuxième «X» montez en E et descendez en D, montez en B et descendez en F, etc.

Il n'y a pas de bonne ou de mauvaise façon de faire du point de croix et il s'agit d'expérimenter les deux méthodes, plus vous brodez, plus vous découvrirez votre propre rythme et verrez celui qui vous convient le mieux.

Le Point arrière (Backstitch)

La couture arrière est généralement utilisée pour une conception complexe et détaillée. Bien que cela ne soit pas requis par les modèles de ce livre, vous pouvez toujours l'ajouter selon votre goût.

<u>Les directives:</u>
1. Insérez l'aiguille en A.
2. Descendre en B.
3. Montez à C.
4. Descendre en A.

Comment ajuster les motifs pour qu'ils soient plus grands ou plus petits ?

La méthode la plus simple consiste à utiliser le motif tel quel, mais vous devez modifier la taille ou le nombre de chiffres de votre tissu Aida !
Si vous souhaitez que votre dessin soit plus grand, utilisez un nombre plus petit, comme un tissu Aida de 6, 8 ou 11 points, qui a des carreaux plus

grands (moins de carreaux par pouce) et peut agrandir votre dessin fini. Cette méthode fonctionnera si vous souhaitez également réduire la taille de votre motif, utilisez simplement moins d'Aida comme 18 ou 24, et votre conception finale sera plus petite.

Comment déterminer la taille finale de votre broderie ?

C'est simple! Voici le calcul :

(Nombre de carreaux / nombre de fils du tissu Aida qu'on va utiliser) x 2.54 = taille finie en cm

Notez que vous devrez faire 2 calculs : 1 pour la longueur et 1 pour la largeur.

Exemple : Nous avons 28 carreaux dans la largeur et disons que nous décidons d'utiliser un tissu Aida 14 fils :

(28 carreaux / 14 fils Aida) x 2.54 = 5.08 cm

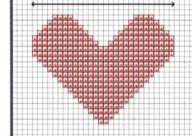

Voici les dimensions pour tous les designs de ce livre :

Dimensions finales pour un tissu de 2.4 points par cm : 62.50 x 62.50 cm
Dimensions finales pour un tissu de 4.4 points par cm : 34.09 x 34.09 cm
Dimensions finales pour un tissu de 5.5 points par cm : 27.27 x 27.27 cm
Dimensions finales pour un tissu de 7 points par cm : 21.43 x 21.43 cm

Astuces

- Le nombre de brins de fils que vous utilisez peuvent changer le résultat de votre motif, je vous suggère d'utiliser 3 brins au lieu de deux pour plus de couverture du tissu.
- Utilisez des perles, des paillettes, des breloques, des boutons et d'autres ornements pour changer le style général de votre pièce finie. Faites correspondre les éléments au style que vous recherchez et veillez à ne pas en faire trop. Un seul de ces éléments est généralement suffisant. Ces décorations peuvent également être un bon remplissage de tout espace qui reste vide.
- Vous pouvez combiner plusieurs designs pour créer votre propre œuvre d'art !

Panda dans une tasse de café

		Count	Code	Name
★	⬛	906	310	Black
◳	⬛	748	413	Pewter Gray Dark
▲	🟥	693	603	Cranberry
✛	🟦	500	964	Sea Green Light
✗	🟨	304	3855	Autumn Gold Lt
☰	⬜	564	415	Pearl Gray
⌘	🟦	2536	828	Sky Blue Vy Lt
◡	⬜	1361	White	White

L'ours et le miel

		Count	Code	Name
★	■	585	310	Black
□	■	44	666	Bright Red
▲	■	370	3045	Yellow Beige Dk
+	■	190	725	Topaz Med Lt
≡	■	1657	3864	Mocha Beige Light
‿	☐	209	White	White

Le joyeux lapin

	Count	Code	Name
★	866	310	Black
┼	442	725	Topaz Med Lt
▲	106	341	Blue Violet Light
☰	20	472	Avocado Grn U Lt
♦	738	3609	Plum Ultra Light
⊠	202	828	Sky Blue Vy Lt
⌘	594	3713	Salmon Very Light
◡	2027	White	White

3

Un chat tenant un cupcake

		Count	Code	Name
★		146	791	Cornflower Blue V D
▢		2	702	Kelly Green
▲		21	351	Coral
⬥		1009	156	Blue Violet Med Lt
▤		376	738	Tan Very Light
⊗		1861	157	Cornflower Blue Vy Lt
⌶		97	3326	Rose Light
⌘		182	963	Dusty Rose Ult Vy Lt
✛		63	3078	Golden Yellow Vy Lt
⌣		374	White	White

Une licorne et un chat dans des tasses

		Count	Code	Name
★	■	1052	310	Black
□	■	32	3731	Dusty Rose Very Dark
✛	■	539	209	Lavender Dark
⌘	■	351	155	Blue Violet Med Dark
◆	■	403	598	Turquoise Light
⌐	■	1895	3608	Plum Very Light
✶	■	39	605	Cranberry Very Light
≡	□	615	3770	Tawny Vy Light
◡	□	1115	White	White

Hamster

		Count	Code	Name
★	■	973	310	Black
✚	▨	110	725	Topaz Med Lt
▲	▨	124	340	Blue Violet Medium
⬦	▨	386	352	Coral Light
▶	▨	533	778	Antique Mauve Vy Lt
▷	▨	3435	828	Sky Blue Vy Lt
▼	▨	482	3713	Salmon Very Light
▽	☐	70	White	White

Bel éléphant tenant une fleur

		Count	Code	Name
★		702	803	Baby Blue Ult Vy Dk
▫		142	3705	Melon Dark
▲		25	744	Yellow Pale
✛		2749	828	Sky Blue Vy Lt
☰		2144	963	Dusty Rose Ult Vy Lt
⌣		28	White	White

Le renard dans la forêt

		Count	Code	Name
★		722	801	Coffee Brown Dk
⬚		23	912	Emerald Green Lt
▲		13	666	Bright Red
⊞		900	3830	Terra Cotta
⚏		634	3863	Mocha Beige Med
▤		1190	608	Burnt Orange Bright
⊗		54	725	Topaz Med Lt
⌘		76	605	Cranberry Very Light
◡		668	3770	Tawny Vy Light

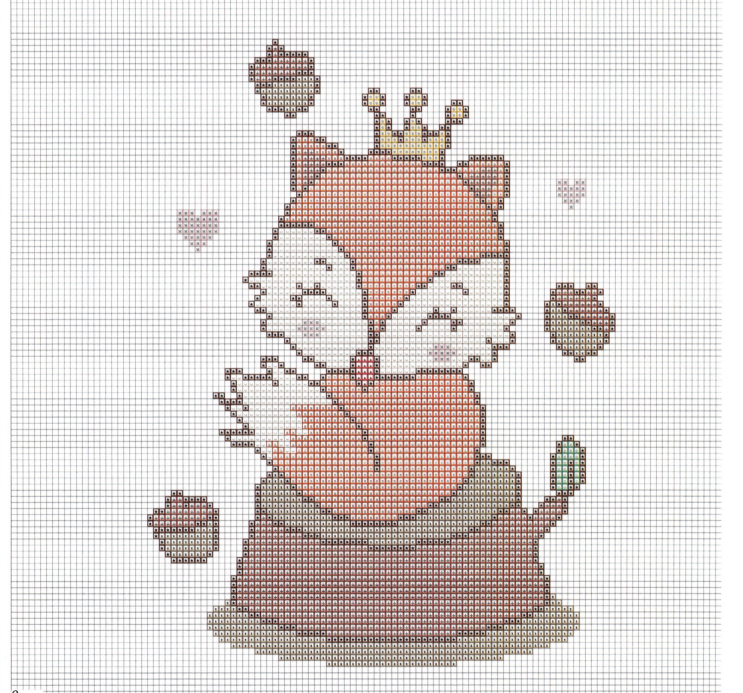

Le chat et la nourriture

		Count	Code	Name
★		1457	3371	Black Brown
□		16	561	Celadon Green VD
▲		128	433	Brown Med
┼		269	321	Red
✕		95	169	Pewter Light
≡		182	437	Tan Light
⌘		301	3326	Rose Light
⊗		1011	822	Beige Gray Light
⌣		3992	White	White

Le chat dans la salle de gym

		Count	Code	Name
★	■	1187	3371	Black Brown
☐	■	78	321	Red
▲	■	593	169	Pewter Light
╪	■	109	3326	Rose Light
⊠	■	12	3325	Baby Blue Light
≣	■	516	3072	Beaver Gray Vy Lt
∪	☐	3975	White	White

Le serpent amoureux

		Count	Code	Name
★	■	745	801	Coffee Brown Dk
▫	■	1302	987	Forest Green Dk
▲	■	7	321	Red
☰	■	2263	703	Chartreuse
✛	■	172	3805	Cyclamen Pink
✕	■	613	3819	Moss Green Lt
⏝	☐	16	White	White

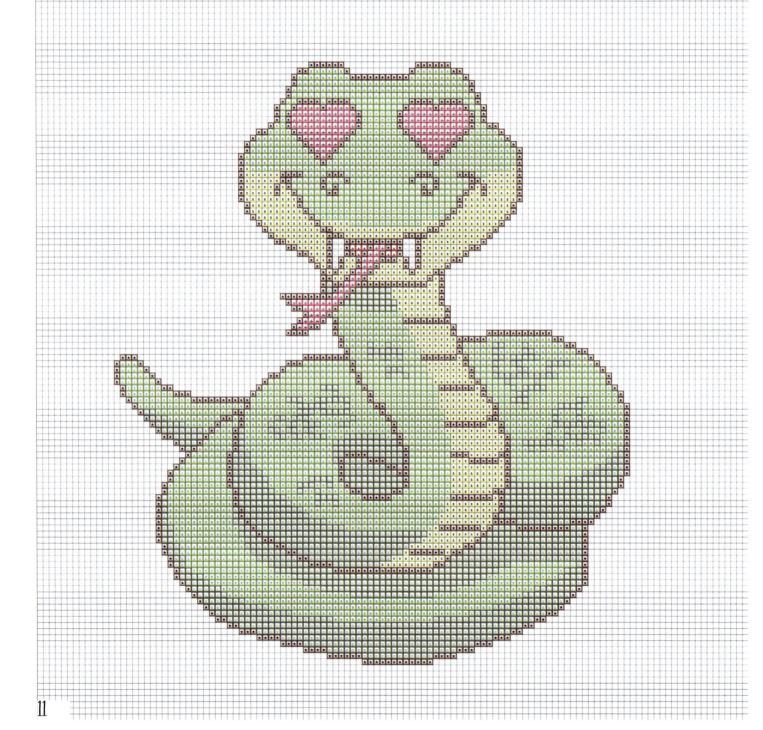

Le bébé dinosaure tenant un coeur

		Count	Code	Name
★		91	909	Emerald Green Vy Dk
▫		633	943	Green Bright Md
▲		2179	993	Aquamarine Vy Lt
⊠		246	828	Sky Blue Vy Lt
⊞		660	3708	Melon Light
≡		277	928	Gray Green Vy Lt
⌣		42	White	White

Koala

		Count	Code	Name
★	⬛	647	823	Navy Blue Dark
⊡	🟥	20	666	Bright Red
▲	⬜	2499	159	Blue Gray Light
+	⬜	1168	762	Pearl Gray Vy Lt

Le chat et le chien sur un canard jaune

		Count	Code	Name
★	■	819	310	Black
▫	■	9	3350	Dusty Rose Ultra Dark
▲	■	232	646	Beaver Gray Dk
➕	■	145	3853	Autumn Gold Dk
⊠	■	1163	3864	Mocha Beige Light
⌘	■	58	738	Tan Very Light
⬧	■	1832	744	Yellow Pale
▤	■	153	3841	Baby Blue Pale
⌣	☐	775	White	White

L'ours dansant

		Count	Code	Name
★	■	398	413	Pewter Gray Dark
▣	▨	11	3843	Electric Blue
▲	▨	44	334	Baby Blue Medium
▤	▨	14	3712	Salmon Medium
＋	▨	224	927	Gray Green Light
✗	▨	39	3716	Dusty Rose Med Vy Lt
⌘	▢	1491	928	Gray Green Vy Lt
⌣	□	260	White	White

Un bébé ours dans le jardin

		Count	Code	Name
★		1062	3830	Terra Cotta
▫		1801	913	Nile Green Med
▲		225	436	Tan
✛		2797	722	Orange Spice Light
▤		293	368	Pistachio Green Lt
⏳		107	3806	Cyclamen Pink Light
◡		882	945	Tawny

Lion

		Count	Code	Name
★	■	855	898	Coffee Brown Vy Dk
▫	■	1670	3776	Mahogany Light
▲	■	3896	742	Tangerine Light
✛	■	42	893	Carnation Light
⌘	■	76	3856	Mahogany Ult Vy Lt
⌣	☐	6	White	White

La licorne sur un flamant rose

		Count	Code	Name
★	(dark)	934	154	Grape Very Dark
⊡	(pink)	1855	603	Cranberry
▲	(plum)	258	3609	Plum Ultra Light
⊞	(melon)	458	3708	Melon Light
▤	(yellow)	3212	727	Topaz Vy Lt
⊗	(blue)	1053	162	Blue Ultra Very Light
◡	(white)	887	White	White

Une fée avec une baguette magique

		Count	Code	Name
★	■	720	310	Black
▣	▢	112	307	Lemon
▲	▢	1296	3811	Turquoise Very Light
⊞	▢	340	827	Blue Very Light
◆	▢	1386	605	Cranberry Very Light
⌘	▢	174	211	Lavender Light
☰	▢	809	819	Baby Pink Light

Une licorne tenant une fleur

		Count	Code	Name
★	■	838	310	Black
▢		294	959	Sea Green Med
▲		2992	3609	Plum Ultra Light
✚		462	605	Cranberry Very Light
▤		1011	828	Sky Blue Vy Lt
⌛		474	727	Topaz Vy Lt
◫		6	3713	Salmon Very Light
◡	☐	1658	White	White

La princesse sirène avec une étoile

		Count	Code	Name
★	■	993	310	Black
⊡		2362	3772	Desert Sand Vy Dk
▲		214	3733	Dusty Rose
⊞		128	340	Blue Violet Medium
⊠		1062	445	Lemon Light
⬇		213	605	Cranberry Very Light
☰		248	828	Sky Blue Vy Lt
⏝		1039	819	Baby Pink Light

Tooth fairy

		Count	Code	Name
★	■	775	310	Black
┼	■	1356	3862	Mocha Beige Dark
▲	■	380	210	Lavender Medium
⊠	■	91	726	Topaz Light
≡	■	187	760	Salmon
⊐	■	423	828	Sky Blue Vy Lt
⌘	□	634	819	Baby Pink Light
⌣	□	1030	White	White

Une sirène avec un coeur

		Count	Code	Name
★	■	984	310	Black
☐		1791	352	Coral Light
▲		383	3766	Peacock Blue Light
✛		238	554	Violet Light
✗		324	3689	Mauve Light
Σ		191	745	Yellow Pale Light
≡		96	162	Blue Ultra Very Light
◡		1259	819	Baby Pink Light

Une princesse sirène dans une tasse

	Count	Code	Name
★	704	550	Violet Very Dark
▢	1912	335	Rose
▲	375	597	Turquoise
⊞	377	959	Sea Green Med
⬇	92	210	Lavender Medium
⊠	72	307	Lemon
⌘	156	603	Cranberry
◫	103	964	Sea Green Light
▤	1134	3761	Sky Blue Light
▣	829	819	Baby Pink Light
◡	1182	White	White

Une petite fille tenant un bébé licorne

		Count	Code	Name
★		813	3777	Terra Cotta Vy Dk
□		46	3341	Apricot
▲		152	3608	Plum Very Light
✚		67	3822	Straw Light
⌘		356	504	Blue Green Vy Lt
☰		174	453	Shell Gray Light
◆		1725	3708	Melon Light
⌣		982	712	Cream

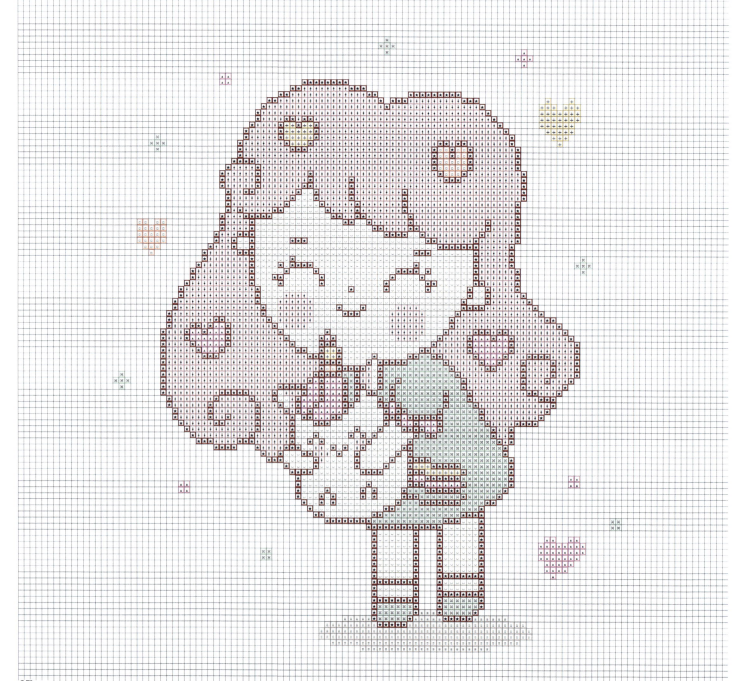

Une licorne qui pilote un avion

		Count	Code	Name
★	■	732	535	Ash Gray Vy Lt
□	■	962	519	Sky Blue
▲	■	302	893	Carnation Light
⊗	■	113	554	Violet Light
✖	■	168	504	Blue Green Vy Lt
☰	■	1400	445	Lemon Light
⌘	■	500	605	Cranberry Very Light
✚	■	46	762	Pearl Gray Vy Lt
⌣	□	1128	White	White

		Count	Code	Name
★		1371	718	Plum
▫		276	598	Turquoise Light
▲		231	210	Lavender Medium
⬇		58	341	Blue Violet Light
⊞		446	3609	Plum Ultra Light
⌘		296	445	Lemon Light
⌧		286	827	Blue Very Light
▤		299	963	Dusty Rose Ult Vy Lt
⌣		3491	White	White

		Count	Code	Name
★	■	772	898	Coffee Brown Vy Dk
✛	■	639	632	Desert Sand Ult Vy Dk
▲	■	183	322	Baby Blue Dark
☰	■	515	3716	Dusty Rose Med Vy Lt
⌘	■	175	744	Yellow Pale
⌧	■	2950	827	Blue Very Light
⊗	■	376	819	Baby Pink Light
⌣	□	288	White	White

Caticorne sur un nuage

		Count	Code	Name
★	■	817	550	Violet Very Dark
▫	■	74	893	Carnation Light
▲	■	196	743	Yellow Med
⊞	■	271	554	Violet Light
☰	■	2068	828	Sky Blue Vy Lt
✕	■	130	3708	Melon Light
⌘	■	61	727	Topaz Vy Lt
⌣	□	1169	White	White

Une fille tenant un cupcake aux fraises

		Count	Code	Name
★		965	550	Violet Very Dark
▢		66	892	Carnation Medium
▲		132	743	Yellow Med
⊞		550	603	Cranberry
Π		168	964	Sea Green Light
⊠		177	445	Lemon Light
⬇		640	211	Lavender Light
▤		267	3841	Baby Blue Pale
⌘		467	963	Dusty Rose Ult Vy Lt
⌣		754	3866	Mocha Brn Ult Vy Lt

Pégase volant sur un ciel pastel

		Count	Code	Name
★		757	814	Garnet Dark
☐		947	3609	Plum Ultra Light
▲		637	211	Lavender Light
✛		1348	828	Sky Blue Vy Lt
▤		873	727	Topaz Vy Lt
⌛		143	963	Dusty Rose Ult Vy Lt
⊗		2338	747	Peacock Blue Vy Lt
⌣		1947	White	White

Une princesse avec son poney

		Count	Code	Name
★	■	912	814	Garnet Dark
▢	■	866	167	Yellow Beige V Dk
▲	■	174	307	Lemon
△	■	111	341	Blue Violet Light
⊞	■	627	603	Cranberry
⬇	■	294	453	Shell Gray Light
⊗	■	130	3609	Plum Ultra Light
☰	■	431	605	Cranberry Very Light
⌘	■	376	819	Baby Pink Light
⌣	□	542	White	White

Une Licorne avec des donuts

		Count	Code	Name
★	■	809	814	Garnet Dark
✚	■	778	304	Red Medium
▲	■	100	307	Lemon
⋈	■	202	3608	Plum Very Light
⌘	■	630	3825	Pumpkin Pale
▤	■	48	472	Avocado Grn U Lt
◆	■	815	604	Cranberry Light
⊗	■	418	963	Dusty Rose Ult Vy Lt
◡	☐	1406	White	White

Une licorne mangeant une glace à la fraise

		Count	Code	Name
★	■	858	3371	Black Brown
⊡	■	139	891	Carnation Dark
▲	■	85	210	Lavender Medium
⊞	■	1012	3806	Cyclamen Pink Light
▤	■	889	3822	Straw Light
⌘	■	91	445	Lemon Light
⬇	■	245	605	Cranberry Very Light
⏝	☐	1239	White	White

Une licorne sur gâteau aux cerises et aux fraises

		Count	Code	Name
★	■	700	550	Violet Very Dark
▢	■	634	3801	Melon Very Dark
▲	■	32	704	Chartreuse Bright
⊞	■	98	972	Canary Deep
⌘	■	547	210	Lavender Medium
▤	■	466	760	Salmon
◆	■	1171	554	Violet Light
⊗	■	794	445	Lemon Light
◡	□	910	White	White

Un poney portant le bonnet de Noël

	Count	Code	Name
★	928	898	Coffee Brown Vy Dk
▢	58	959	Sea Green Med
▲	138	210	Lavender Medium
▤	997	603	Cranberry
＋	536	964	Sea Green Light
⚊	294	445	Lemon Light
⌘	1156	818	Baby Pink
⌣	1570	White	White

Une licorne mangeant un délicieux donut

		Count	Code	Name
★		995	898	Coffee Brown Vy Dk
□		679	372	Mustard Lt
▲		726	3608	Plum Very Light
⌘		770	3326	Rose Light
►		99	504	Blue Green Vy Lt
✚		599	744	Yellow Pale
✕		360	211	Lavender Light
☰		206	3708	Melon Light
⊗		444	928	Gray Green Vy Lt
◡		2221	White	White

Une licorne sur une barbe à papa

		Count	Code	Name
★	■	826	814	Garnet Dark
◻	■	524	3608	Plum Very Light
▲	■	139	504	Blue Green Vy Lt
✚	■	217	744	Yellow Pale
☰	■	1941	605	Cranberry Very Light
✠	■	215	928	Gray Green Vy Lt
◡	☐	1274	White	White

Caticorn tenant une étoile

		Count	Code	Name
★		663	791	Cornflower Blue V D
⊡		182	341	Blue Violet Light
▲		83	472	Avocado Grn U Lt
⊞		230	964	Sea Green Light
⌘		196	3609	Plum Ultra Light
▤		261	744	Yellow Pale
⊗		80	3708	Melon Light
◡		1554	White	White

Caticorn tenant un ballon

		Count	Code	Name
★		653	791	Cornflower Blue V D
▢		412	341	Blue Violet Light
▲		124	472	Avocado Grn U Lt
✛		216	964	Sea Green Light
✕		311	3609	Plum Ultra Light
☰		194	744	Yellow Pale
⌘		58	3708	Melon Light
ᴗ		1161	White	White

Une licorne sur la lune

		Count	Code	Name
★	■	718	792	Cornflower Blue Dark
▢		83	472	Avocado Grn U Lt
▲		1087	744	Yellow Pale
✚		118	211	Lavender Light
☰		187	3841	Baby Blue Pale
✗		1173	828	Sky Blue Vy Lt
⌘		209	3708	Melon Light
∪		760	White	White

Une licorne rêvant sur une glace

	Count	Code	Name
★	851	838	Beige Brown Vy Dk
□	240	210	Lavender Medium
▲	900	676	Old Gold Lt
+	641	604	Cranberry Light
⌘	64	504	Blue Green Vy Lt
✕	92	3609	Plum Ultra Light
≡	153	761	Salmon Light
↓	201	727	Topaz Vy Lt
∪	1007	White	White

L'anniversaire d'une licorne

		Count	Code	Name
★		797	550	Violet Very Dark
⊡		103	368	Pistachio Green Lt
▲		287	210	Lavender Medium
⊞		248	893	Carnation Light
⌘		116	743	Yellow Med
⊠		343	964	Sea Green Light
≡		127	445	Lemon Light
⧫		652	605	Cranberry Very Light
⊡		365	211	Lavender Light
∪		1305	White	White

Une licorne endormie

	Count	Code	Name
★ ■	726	158	Cornflower Blu M V D
▣ ▪	1151	156	Blue Violet Med Lt
▲ ▪	190	605	Cranberry Very Light
╫ ▪	211	211	Lavender Light
▤ ▪	468	745	Yellow Pale Light
⌛ ▪	130	3747	Blue Violet Vy Lt
⌘ ▪	673	828	Sky Blue Vy Lt
⌣ ▫	1253	White	White

Les enfants

		Count	Code	Name
★		1340	939	Navy Blue Very Dark
☐		455	680	Old Gold Dark
▲		243	825	Blue Dark
⊞		255	3851	Green Bright Lt
⌘		140	3805	Cyclamen Pink
⬇		221	444	Lemon Dark
▼		686	3340	Apricot Med
∈		287	603	Cranberry
▢		523	928	Gray Green Vy Lt
▤		1187	3713	Salmon Very Light
⌣		56	White	White

Un bébé avec un canard jaune

		Count	Code	Name
★	■	91	3371	Black Brown
◻		46	922	Copper Light
▲		349	972	Canary Deep
⊠		914	444	Lemon Dark
⊞		324	758	Terra Cotta Vy Lt
⊕		72	3706	Melon Medium
⌘		3151	353	Peach
▤		79	762	Pearl Gray Vy Lt
◡	◻	196	White	White

Un bébé fille

		Count	Code	Name
★	■	68	3371	Black Brown
□		274	3778	Terra Cotta Light
▲		336	3705	Melon Dark
✚		210	307	Lemon
✕		564	3608	Plum Very Light
≡		3085	3825	Pumpkin Pale
⌘		640	3708	Melon Light
⌣	□	54	White	White

Un bébé garçon

		Count	Code	Name
★	■	139	3371	Black Brown
▣	■	814	939	Navy Blue Very Dark
▲	■	606	3843	Electric Blue
┼	■	39	3801	Melon Very Dark
▤	■	303	3778	Terra Cotta Light
⊠	■	595	3766	Peacock Blue Light
⌘	■	2516	3825	Pumpkin Pale
∪	□	15	White	White

Un gobelin mangeant de la viande

		Count	Code	Name
★	■	726	938	Coffee Brown Ult Dk
▫	■	239	905	Parrot Green Dk
▲	■	288	347	Salmon Very Dark
▤	■	1919	704	Chartreuse Bright
✕	■	280	436	Tan
✚	▫	53	415	Pearl Gray
ᴗ	☐	86	White	White

Plante succulente Gasteria

		Count	Code	Name
★	■	806	934	Avocado Grn Black
⬜	■	1035	501	Blue Green Dark
▲	■	1547	562	Jade Medium
✛	■	14	335	Rose
☰	■	615	977	Golden Brown Light
⌘	■	1492	3827	Golden Brown Pale
⌛	■	34	761	Salmon Light
⌣	⬜	201	White	White

Maman et bébé cactus

		Count	Code	Name
★	■	795	934	Avocado Grn Black
▫	■	2164	562	Jade Medium
▲	■	21	335	Rose
✚	■	74	3733	Dusty Rose
⊔	■	234	402	Mahogany Vy Lt
⊼	■	197	955	Nile Green Light
⊕	■	2360	3766	Peacock Blue Light
▤	■	235	3326	Rose Light
⌣	□	32	White	White

Arc-en-ciel et nuages

		Count	Code	Name
★		57	154	Grape Very Dark
▫		349	3844	Turquoise Bright Dark
▲		616	3801	Melon Very Dark
⊞		260	161	Blue Gray
⌘		58	3731	Dusty Rose Very Dark
Ǝ		576	3853	Autumn Gold Dk
☆		383	471	Avocado Grn V Lt
⬇		489	725	Topaz Med Lt
⊗		599	950	Desert Sand Light
⌣		1521	White	White

Arc-en-ciel volant

		Count	Code	Name
★	■	42	796	Royal Blue Dark
✛	■	541	666	Bright Red
▲	■	345	3807	Cornflower Blue
✗	■	281	995	Electric Blue Dark
✦	■	306	704	Chartreuse Bright
∃	■	389	721	Orange Spice Med
⋈	■	425	725	Topaz Med Lt
∪	■	20	3733	Dusty Rose
≡	■	1873	3761	Sky Blue Light

Arc-en-ciel d'amour

		Count	Code	Name
★		22	796	Royal Blue Dark
▫		66	3837	Lavender Ultra Dark
▲		900	702	Kelly Green
⌘		438	312	Baby Blue Very Dark
⬇		286	666	Bright Red
☰		986	922	Copper Light
⊕		996	444	Lemon Dark
⌛		22	3733	Dusty Rose
✛		1511	3761	Sky Blue Light

Terre mère

		Count	Code	Name
★		921	898	Coffee Brown Vy Dk
☐		195	905	Parrot Green Dk
▲		440	702	Kelly Green
⊞		609	906	Parrot Green Md
⌘		465	995	Electric Blue Dark
⊠		185	704	Chartreuse Bright
☰		1362	959	Sea Green Med
⊗		92	760	Salmon
⤓		644	3761	Sky Blue Light
⌣		600	White	White

Fleur souriante

		Count	Code	Name
★	■	735	310	Black
▫	■	91	702	Kelly Green
▲	■	237	3805	Cyclamen Pink
⌧	■	514	996	Electric Blue Medium
⊞	■	707	973	Canary Bright
☰	■	820	3806	Cyclamen Pink Light
⌣	☐	14	White	White

Une licorne grimpant au sapin de Noël

		Count	Code	Name
★	■	795	898	Coffee Brown Vy Dk
□	■	559	912	Emerald Green Lt
▲	■	186	350	Coral Medium
⊞	■	846	703	Chartreuse
⌘	■	141	422	Hazelnut Brown Lt
⬇	■	101	973	Canary Bright
⚊	■	202	341	Blue Violet Light
≣	■	185	828	Sky Blue Vy Lt
⊗	■	326	3708	Melon Light
⊡	■	98	727	Topaz Vy Lt
⌣	□	929	White	White

57

Une fille et une licorne dans un bas de Noël

		Count	Code	Name
★	■	1015	898	Coffee Brown Vy Dk
☐	■	1833	666	Bright Red
▲	■	277	3828	Hazelnut Brown
☒	■	246	959	Sea Green Med
☰	■	228	3819	Moss Green Lt
⊞	■	510	3806	Cyclamen Pink Light
⊗	■	125	605	Cranberry Very Light
⬙	☐	183	819	Baby Pink Light
⌣	☐	786	White	White

Un renne assis sur un cadeau de Noël

		Count	Code	Name
★		973	938	Coffee Brown Ult Dk
☐		118	433	Brown Med
▲		1469	666	Bright Red
⊞		263	420	Hazelnut Brown Dk
⊗		837	703	Chartreuse
⌘		823	436	Tan
⬇		96	973	Canary Bright
≣		418	603	Cranberry
⏝		512	White	White

Une licorne avec des lumières de Noël

		Count	Code	Name
★	■	852	300	Mahogany Vy Dk
▢	■	132	3805	Cyclamen Pink
▲	■	98	973	Canary Bright
⌘	■	476	3608	Plum Very Light
✛	■	813	964	Sea Green Light
⚊	■	258	445	Lemon Light
▤	■	430	605	Cranberry Very Light
⌣	▢	2238	White	White

La fille du Père Noël

		Count	Code	Name
★	■	1032	938	Coffee Brown Ult Dk
▫	■	272	433	Brown Med
▲	■	1030	666	Bright Red
⊞	■	113	703	Chartreuse
⌘	■	1503	307	Lemon
☰	■	271	3761	Sky Blue Light
⊥	■	100	957	Geranium Pale
⊗	■	590	739	Tan Ult Vy Lt
⌣	□	408	White	White

Une fille volant avec un ballon de renne

		Count	Code	Name
★	(Coffee Brown)	818	898	Coffee Brown Vy Dk
▢	(Brown)	984	632	Desert Sand Ult Vy Dk
▲	(Green)	141	912	Emerald Green Lt
✚	(Red)	332	350	Coral Medium
▤	(Pink)	894	603	Cranberry
⌘	(Yellow)	670	745	Yellow Pale Light
⊠	(White)	444	3770	Tawny Vy Light
⌣	(White)	99	White	White

Une licorne dans une tasse

		Count	Code	Name
★	■	583	310	Black
□		211	335	Rose
▲		482	893	Carnation Light
+		1587	760	Salmon
↓		363	3689	Mauve Light
☰		494	945	Tawny
⊠		704	3770	Tawny Vy Light
∪		828	White	White

Bonhomme de neige

		Count	Code	Name
★	▦	290	3838	Lavender Blue Dark
▫	▦	156	3731	Dusty Rose Very Dark
▲	▦	505	334	Baby Blue Medium
✛	▦	437	604	Cranberry Light
⌘	▦	699	3811	Turquoise Very Light
⌣	▫	1257	White	White

Un ours tenant un sapin de Noël

		Count	Code	Name
★		1213	898	Coffee Brown Vy Dk
□		416	335	Rose
▲		1056	992	Aquamarine Lt
⊻		2956	3854	Autumn Gold Med
┼		201	307	Lemon
≡		779	738	Tan Very Light
⅃		447	3326	Rose Light
⌘		223	3609	Plum Ultra Light
∪		75	White	White

Tigrou fête Noël

		Count	Code	Name
★	■	801	938	Coffee Brown Ult Dk
▢	▨	25	911	Emerald Green Med
▲	▨	1842	666	Bright Red
✛	▨	1255	725	Topaz Med Lt
▤	▨	220	3608	Plum Very Light
⌘	▨	1235	3708	Melon Light
⏽	▨	133	677	Old Gold Vy Lt
⌣	□	472	White	White

Une fille portant un costume d'arbre de Noël

		Count	Code	Name
★	■	619	898	Coffee Brown Vy Dk
▢	■	225	610	Drab Brown Dk
▲	■	109	666	Bright Red
⌘	■	1457	703	Chartreuse
⊠	■	138	725	Topaz Med Lt
☰	■	50	893	Carnation Light
⊞	■	157	341	Blue Violet Light
∈	▢	234	819	Baby Pink Light
⊕	▢	18	White	White

Une fille avec une baguette magique

		Count	Code	Name
★		898	327	Violet Dark
▢		774	156	Blue Violet Med Lt
▲		454	3608	Plum Very Light
✛		379	603	Cranberry
✉		239	964	Sea Green Light
☰		300	445	Lemon Light
⌘		218	3708	Melon Light
⌣		705	712	Cream

Gnome de la Saint-Valentin

		Count	Code	Name
★	■	685	310	Black
□		1253	899	Rose Medium
▲		896	3609	Plum Ultra Light
+		115	165	Moss Green Vy Lt
▤		476	605	Cranberry Very Light
⌘		647	3713	Salmon Very Light
⌣		869	White	White

Cupidon avec des flèches de coeur

		Count	Code	Name
★		1030	814	Garnet Dark
▫		374	891	Carnation Dark
▲		111	899	Rose Medium
⌘		331	341	Blue Violet Light
▼		354	3609	Plum Ultra Light
☰		666	605	Cranberry Very Light
⊗		3160	828	Sky Blue Vy Lt
⊞		233	727	Topaz Vy Lt
◡		2494	White	White

Une licorne tenant un ballon coeur

		Count	Code	Name
★	■	806	898	Coffee Brown Vy Dk
▫		773	3609	Plum Ultra Light
▲		971	828	Sky Blue Vy Lt
╬		258	727	Topaz Vy Lt
☰		1090	963	Dusty Rose Ult Vy Lt
◡	☐	1926	White	White

Une licorne avec les cadeaux

		Count	Code	Name
★	■	1030	898	Coffee Brown Vy Dk
▫	▨	1152	3609	Plum Ultra Light
▲	▨	466	605	Cranberry Very Light
✚	▨	671	828	Sky Blue Vy Lt
☰	▨	631	727	Topaz Vy Lt
◡	☐	2410	White	White

Les lapins de la Saint-Valentin

		Count	Code	Name
★		326	500	Blue Green Vy Dk
◻		331	3685	Mauve Very Dark
▲		8	581	Moss Green
△		161	519	Sky Blue
⊞		34	307	Lemon
⌘		821	604	Cranberry Light
⊠		265	415	Pearl Gray
▤		1092	828	Sky Blue Vy Lt
⊗		1118	3713	Salmon Very Light

L'amour dans l'air

		Count	Code	Name
★	■	1008	154	Grape Very Dark
▢	■	377	347	Salmon Very Dark
▲	■	1937	350	Coral Medium
✛	■	162	972	Canary Deep
≡	▢	294	747	Peacock Blue Vy Lt
⌣	▢	767	White	White

Les inséparables amis de toilette

		Count	Code	Name
★	■	132	938	Coffee Brown Ult Dk
▫	■	1315	801	Coffee Brown Dk
▲	■	311	976	Golden Brown Med
⊞	■	432	351	Coral
⌘	■	74	503	Blue Green Med
⊻	■	1306	3853	Autumn Gold Dk
≣	■	393	3825	Pumpkin Pale
⌐	■	63	603	Cranberry
⊗	■	294	928	Gray Green Vy Lt
⌣	□	2058	White	White

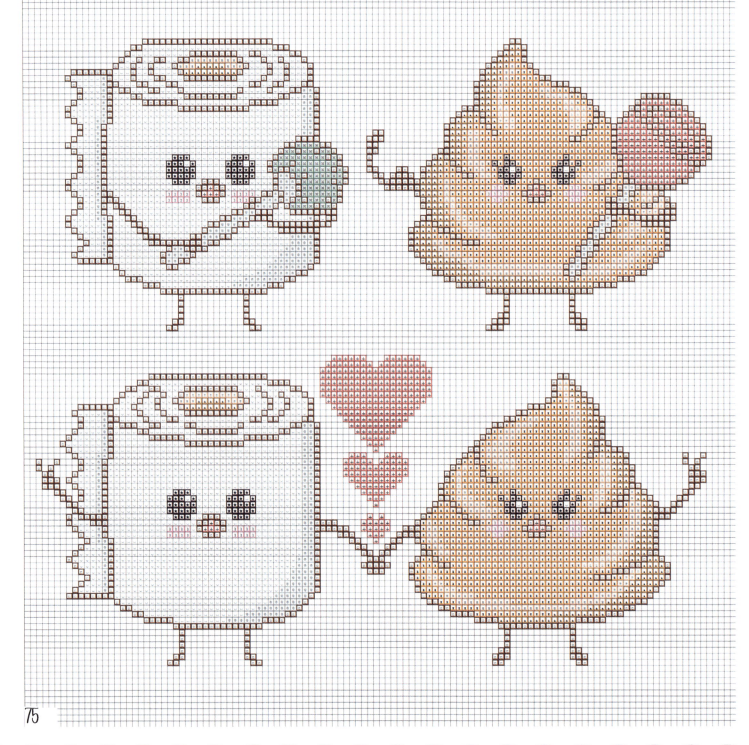

Le cadeau console de jeu

Count	Code	Name
★ ▓ 1312	208	Lavender Very Dark
⊡ ▢ 136	472	Avocado Grn U Lt
▲ ▢ 1236	157	Cornflower Blue Vy Lt
＋ ▢ 348	3609	Plum Ultra Light
▤ ▢ 510	3841	Baby Blue Pale
⊗ ▢ 1138	677	Old Gold Vy Lt
◡ ▢ 1249	762	Pearl Gray Vy Lt

Le chat dracula

		Count	Code	Name
★		986	154	Grape Very Dark
□		1775	552	Violet Medium
▲		833	169	Pewter Light
+		73	721	Orange Spice Med
≡		114	741	Tangerine Med
⧗		104	743	Yellow Med
⌘		219	3609	Plum Ultra Light
◡		784	White	White

Le fantôme avec du cupcake et des bonbons

		Count	Code	Name
★		851	550	Violet Very Dark
☐		705	704	Chartreuse Bright
▲		923	209	Lavender Dark
✛		499	947	Burnt Orange
☰		127	444	Lemon Dark
⊗		1150	3716	Dusty Rose Med Vy Lt
⌘		488	967	Apricot Very Light
⌣		829	White	White

Un chat avec un chaudron magique

		Count	Code	Name
★	■	1300	154	Grape Very Dark
☐	■	1823	552	Violet Medium
▲	■	1724	646	Beaver Gray Dk
✗	■	226	166	Moss Green Md Lt
☰	■	157	741	Tangerine Med
⌘	■	147	3806	Cyclamen Pink Light

Une fille sorcière

		Count	Code	Name
★	■	781	310	Black
▫		1568	844	Beaver Gray Ult Dk
▲		29	433	Brown Med
⊞		67	946	Burnt Orange Med
⊠		237	3835	Grape Medium
▤		163	704	Chartreuse Bright
⌘		982	603	Cranberry
⌣		598	819	Baby Pink Light

Une drôle de fille d'Halloween

		Count	Code	Name
★	■	1356	310	Black
□	▥	501	3803	Mauve Dark
▲	▨	174	209	Lavender Dark
▤	▥	790	3805	Cyclamen Pink
⊠	▨	1550	947	Burnt Orange
⌘	▨	36	444	Lemon Dark
⊗	▨	104	957	Geranium Pale
✛	□	525	3713	Salmon Very Light

81

Une licorne florale

		Count	Code	Name
★		66	300	Mahogany Vy Dk
□		67	562	Jade Medium
▲		282	3835	Grape Medium
✗		190	209	Lavender Dark
▶		76	166	Moss Green Md Lt
⌘		98	899	Rose Medium
◆		216	993	Aquamarine Vy Lt
☰		162	402	Mahogany Vy Lt
┼		573	603	Cranberry
⊗		84	211	Lavender Light
‿		1458	739	Tan Ult Vy Lt

Une fille qui fête l'Halloween

		Count	Code	Name
★		893	154	Grape Very Dark
▢		159	946	Burnt Orange Med
▲		748	3835	Grape Medium
▤		95	704	Chartreuse Bright
✛		863	972	Canary Deep
⊗		547	603	Cranberry
⌘		227	168	Pewter Very Light
◡		354	819	Baby Pink Light

Une fille tenant une citrouille

		Count	Code	Name
★	■	1464	938	Coffee Brown Ult Dk
□	■	724	433	Brown Med
▲	■	322	740	Tangerine
+	■	23	704	Chartreuse Bright
≡	■	494	209	Lavender Dark
⌘	■	102	603	Cranberry
∪	□	546	819	Baby Pink Light

Une sorcière avec une grosse citrouille

		Count	Code	Name
★	■	954	310	Black
▢	■	1185	3837	Lavender Ultra Dark
▲	■	267	704	Chartreuse Bright
☰	■	1080	972	Canary Deep
┼	■	562	603	Cranberry
⌘	■	671	168	Pewter Very Light
⊠	■	127	605	Cranberry Very Light
◡	☐	418	819	Baby Pink Light

Un zombie

		Count	Code	Name
★		1412	939	Navy Blue Very Dark
⊡		1007	158	Cornflower Blu M V D
▲		120	943	Green Bright Md
+		1162	954	Nile Green
≣		88	3806	Cyclamen Pink Light
⌣		25	White	White

Une sorcière sur un balai

		Count	Code	Name
★		1267	550	Violet Very Dark
☐		772	208	Lavender Very Dark
▲		134	646	Beaver Gray Dk
⊠		190	704	Chartreuse Bright
☰		927	741	Tangerine Med
✚		1059	3609	Plum Ultra Light
◡		486	712	Cream

Les fast food

		Count	Code	Name
★		1194	898	Coffee Brown Vy Dk
▢		74	3777	Terra Cotta Vy Dk
▲		612	350	Coral Medium
⊞		196	703	Chartreuse
⌘		1859	3853	Autumn Gold Dk
⌛		806	726	Topaz Light
⊗		421	3766	Peacock Blue Light
☰		116	3856	Mahogany Ult Vy Lt
⌣		77	White	White

Taco

		Count	Code	Name
★		705	898	Coffee Brown Vy Dk
▢		152	912	Emerald Green Lt
▲		240	321	Red
✛		241	350	Coral Medium
✗		237	703	Chartreuse
⊗		873	972	Canary Deep
▤		1887	726	Topaz Light
⌘		349	3078	Golden Yellow Vy Lt
◡		8	White	White

Pain et omelette

		Count	Code	Name
★		653	632	Desert Sand Ult Vy Dk
▣		356	436	Tan
▲		197	3833	Raspberry Light
✚		467	742	Tangerine Light
✕		1412	738	Tan Very Light
☰		316	3761	Sky Blue Light
◡		1772	3866	Mocha Brn Ult Vy Lt

Noodles

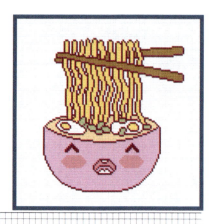

		Count	Code	Name
★	(Garnet Dark)	1581	814	Garnet Dark
□	(Topaz Dark)	398	782	Topaz Dark
▲	(Avocado Grn V Lt)	94	471	Avocado Grn V Lt
╫	(Raspberry Light)	239	3833	Raspberry Light
≡	(Topaz Light)	1193	726	Topaz Light
⌶	(Autumn Gold Lt)	271	3855	Autumn Gold Lt
⌘	(Plum Ultra Light)	1736	3609	Plum Ultra Light
⌣	(White)	171	White	White

Avocats amoureux

		Count	Code	Name
★	■	582	3371	Black Brown
▢	■	132	433	Brown Med
▲	■	423	911	Emerald Green Med
▤	■	72	666	Bright Red
⊠	■	1832	470	Avocado Grn Lt
✛	■	24	352	Coral Light

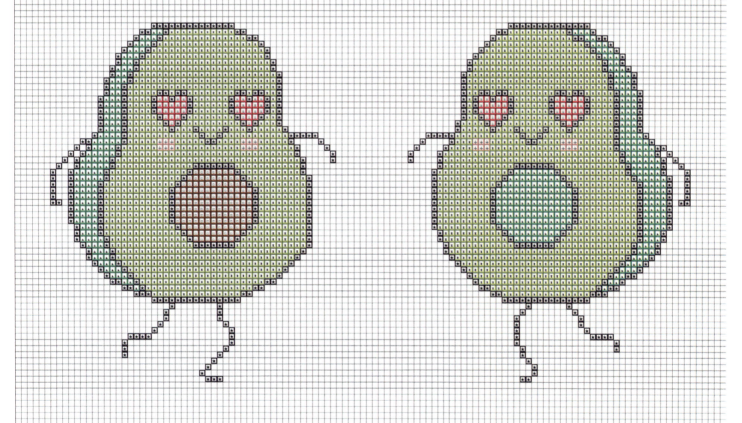

Burger

		Count	Code	Name
★		599	310	Black
◻		287	433	Brown Med
▲		159	905	Parrot Green Dk
⊞		198	347	Salmon Very Dark
⊠		118	606	Orange-Red Bright
⌘		238	703	Chartreuse
☰		872	3776	Mahogany Light
◈		171	444	Lemon Dark
⊗		322	3854	Autumn Gold Med
◡		8	White	White

Seau de poulet frit

		Count	Code	Name
★	■	647	310	Black
▫	■	610	321	Red
▲	■	820	3776	Mahogany Light
✚	■	343	453	Shell Gray Light
ᴗ	□	823	White	White

Macarons sucrés à la confiture

		Count	Code	Name
★		1195	550	Violet Very Dark
▢		1069	553	Violet
▲		1273	210	Lavender Medium
⊞		232	3821	Straw
⌘		239	3608	Plum Very Light
▤		623	3811	Turquoise Very Light
⊗		519	3708	Melon Light
⚱		1339	3713	Salmon Very Light
◡		287	White	White

Tranche de pizza

		Count	Code	Name
★		775	154	Grape Very Dark
▫		118	304	Red Medium
▲		478	921	Copper
⊕		377	666	Bright Red
☰		1047	970	Pumpkin Light
✛		1930	972	Canary Deep
◡		10	White	White

Bar à glace

		Count	Code	Name
★	■	544	550	Violet Very Dark
▫	■	498	3731	Dusty Rose Very Dark
▲	■	84	3805	Cyclamen Pink
✛	■	280	758	Terra Cotta Vy Lt
≣	■	2031	3806	Cyclamen Pink Light
⌘	■	976	745	Yellow Pale Light
✖	☐	284	3823	Yellow Ultra Pale
◡	☐	10	White	White

Sushi

		Count	Code	Name
★		837	816	Garnet
□		101	351	Coral
▲		243	160	Blue Gray Medium
⊞		506	402	Mahogany Vy Lt
⌘		667	352	Coral Light
⊠		260	3825	Pumpkin Pale
≣		40	165	Moss Green Vy Lt
⊗		534	828	Sky Blue Vy Lt
⊒		567	3713	Salmon Very Light
⌣		1699	White	White

Bol de riz

		Count	Code	Name
★		921	814	Garnet Dark
▫		426	782	Topaz Dark
▲		561	3746	Blue Violet Dark
⊞		168	3801	Melon Very Dark
⌘		1209	340	Blue Violet Medium
⌶		935	3822	Straw Light
▤		292	3708	Melon Light
⌣		2054	White	White

Glace à la cerise

		Count	Code	Name
★		344	550	Violet Very Dark
▣		125	602	Cranberry Medium
▲		1247	209	Lavender Dark
✛		388	3778	Terra Cotta Light
▤		592	758	Terra Cotta Vy Lt
⌘		22	603	Cranberry
⌣		2	White	White

Café avec un cookie

		Count	Code	Name
★		80	791	Cornflower Blue V D
⊡		329	407	Desert Sand Med
▲		166	3712	Salmon Medium
⊞		1094	437	Tan Light
☰		1258	761	Salmon Light
∪		8	White	White

Lait à la fraise

		Count	Code	Name
★		1153	3834	Grape Dark
▫		88	471	Avocado Grn V Lt
▲		468	899	Rose Medium
☰		837	3609	Plum Ultra Light
±		737	3708	Melon Light
◡		2493	White	White

		Count	Code	Name
★		107	327	Violet Dark
▫		219	703	Chartreuse
▲		298	907	Parrot Green Lt
⊞		28	3341	Apricot
⌘		652	224	Shell Pink Very Light
☰		894	225	Shell Pink Ult Vy Lt
⊠		1521	3770	Tawny Vy Light
◡		440	White	White

Chips

		Count	Code	Name
★	■	1107	310	Black
◻	🟥	905	606	Orange-Red Bright
▲	🟨	2895	444	Lemon Dark
✚	🟪	34	3706	Melon Medium
∪	◻	1579	White	White

Printed in France by Amazon
Brétigny-sur-Orge, FR